公路工程试验检测技术操作手册

Wuji Jieheliao ji Lumian Xianchang Jiance Shiyan

无机结合料及路面现场检测试验

江西省交通工程质量监督站
江苏省交通科学研究院股份有限公司
主编

人民交通出版社

图书在版编目(CIP)数据

公路工程试验检测技术操作手册. 无机结合料及路面现场检测试验 / 江西省交通工程质量监督站, 江苏省交通科学研究院股份有限公司主编. — 北京 : 人民交通出版社, 2013.10

ISBN 978-7-114-10871-6

Ⅰ. ①公… Ⅱ. ①江… ②江… Ⅲ. ①道路工程－建筑材料－材料试验－检测－技术手册②路面试验－检测－技术手册 Ⅳ. ①U416.03－62

中国版本图书馆 CIP 数据核字(2013)第 212605 号

公路工程试验检测技术操作手册

书　　名: 无机结合料及路面现场检测试验

著 作 者: 江西省交通工程质量监督站

江苏省交通科学研究院股份有限公司

责任编辑: 韩亚楠　崔　建

出版发行: 人民交通出版社

地　　址: (100011)北京市朝阳区安定门外外馆斜街 3 号

网　　址: http://www.ccpress.com.cn

销售电话: (010)59757973

总 经 销: 人民交通出版社发行部

经　　销: 各地新华书店

印　　刷: 北京市密东印刷有限公司

开　　本: 880×1230　1/32

印　　张: 2.25

字　　数: 42 千

版　　次: 2013 年 10 月　第 1 版

印　　次: 2013 年 10 月　第 1 次印刷

书　　号: ISBN 978-7-114-10871-6

定　　价: 245.00 元(含光盘)

编审委员会

主 任 委 员：胡钊芳

副主任委员：栾建平

委　　　员：吴晓明　孙雪伟　徐远明　刘　兵

朱木锋　唐建亚　李　强　杨建新

张道英　王新武　吕　晟　谭显峰

梅　薇　刘吉睿　于文金

特 邀 专 家：韩以谦　李玉珍

编写委员会

主　　　编：胡钊芳

副　主　编：栾建平　吴幸华　陈李峰

编 写 人 员：孙雪伟　徐远明　卢　超　康建仁

张　印　蔡立秀　何传龙　范　萌

杨　硕　姚曙光　骆宏兵　张　东

序

随着我国公路建设事业的飞速发展，试验检测工作对公路工程质量安全的基础保障作用日益突显，各级交通运输主管部门、质监机构和参建单位对试验检测数据重要性的认识普遍提高。

真实、准确、客观、公正的试验检测数据是控制和评定工程质量、保障工程施工安全和运营安全的重要依据和基本前提，是推进技术进步和加强质量管理的先导，是严把工程质量的重要关口。

真实、准确、客观、公正的试验检测数据来源于正确的操作。对于试验检测规程、规范的学习应用，理解的偏差、操作方法的不同、错误的习惯做法都会对试验检测的准确性和有效性造成很大影响。受传统授课方式的限制，实际操作往往难以按照标准、规程所规定的方法和步骤完整、规范、熟练地进行。因此，亟需一部直观、生动、实用的试验检测操作教材。

为此，在总结提炼公路工程试验检测操作成功经验的基础上，江西省交通工程质量监督站、江苏省交通科学研究院股份有限公司历经两年，精心摄制了《公路工程试验检测技术操作手册》教学片。教学片遵循科学与实用的原则，以国家和部颁技术规范、规程、标准为依据，包含了公路工程原材料、水泥混凝土、无机结合料、沥青混合料、现场检测五大类70余个参数试验检测项目，演示了试验检测操作的全部过程。有助于不同层次的试验检测人员掌握试验操作步骤、要点，对规范试验检测操作具有较强的实用性和指导性。

近年来为提高试验检测人员水平，各级质监机构和检测机构采取了不少措施，结合工程建设特点组织了技能竞赛、技术比武、实验室比对等活动。应该说，试验检测人员水平总体是不断提高的。但是，客观地讲，试验检测人员水平与我国公路建设不断加快发展的需要还不相适应。《公路工程试验检测技术操作手册》及教学片的出版发行为当前在全国范围内开展试验检测人员继续教育提供了良好教材。希望，所有试验检测人员要增强对试验检测事业的责任心和使命感，认真学习操作，掌握技巧，破解难点，以良好的职业道德和过硬的业务素质，推动试验检测行业持续健康发展。

交通运输部工程质量监督局副局长

2013 年 8 月

前　　言

为了认真贯彻落实交通运输部《高速公路施工标准化活动实施方案》，推广高速公路建设典型示范经验，推进江西省高速公路建设管理标准化活动，进一步提升试验检测工作水平，促进试验检测操作标准化，江西省交通运输厅、江西省交通工程质量监督站、江苏省交通科学研究院股份有限公司联合编写了《公路工程试验检测技术操作手册》，并专门录制了学习光盘，分为六个分册。

本学习光盘摄制规模之大，在国内尚属首次。课题组选取了公路工程主要试验检测项目进行学习视频的摄制，手册主要包括原材料、水泥混凝土、无机结合料、沥青混合料、现场检测五大类共 70 个参数的试验检测项目。学习光盘的摄制工作分了七个工作小组，参加人员超过 50 人，并聘请了多名资深试验检测专家担任摄制工作的顾问，完成了 2 个样片的摄制和制作工作，组织专家召开了 2 次摄制台本和试验视频的评审会，为保证教学片摄制质量奠定了良好基础。

手册与学习光盘配套使用，具有“图文并茂，专业性强，通俗易懂”的优质效果。以路基、路面、桥涵等工程中的原材料试验、混合料配合比设计试验，施工抽检试验，交工验收检测等为主线，以现行试验规程和设计、施工技术规范及其他相关技术标准、资料为主要内容，涵盖了公路工程试验检测的各个方面。手册所引用的试验方法、技术标准都出自最新版本，所有试验方法均有注意事项栏。本手册可为试验检测行业不同层次水平的从业人员实现有效的可视化学习，不受时间、空间的限制，提高效率，可有效指导施工、提升工程质量，也可有效宣传江西省试验检测管理标准化活动的实践成果，为实现江西省交通运输厅提出的让“标准成为习惯、习惯符合标准、结果达到标准”的目标发挥重要作用。

本手册和学习光盘可供建设单位、监理单位和施工单位试验检测人员、管理人员使用，对于未涵盖的内容，应依据有关法律、法规和相关标准、规程执行。本手册在编写过程中得到了各级领导和专家的指导，在此一并表示感谢。由于编制时间仓促，疏漏之处在所难免，各有关单位和从业人员在使用本教材时，如发现问题或欲提出改进意见，请函告江西省交通工程质量监督站。

地　　址：南昌市沿江北路 18 号，邮编：330008。

编　者

2013 年 8 月

目　　录

1 总则

1.0.1 为适应交通运输发展和公路建设的需要,提高试验检测工作质量和从业人员技术水平,保证工程安全可靠、经济合理,制定本手册。

1.0.2 本手册和学习光盘适用于公路工程无机结合料、路面现场检测试验各参数的性能试验。其中为方便读者阅读,图、表、公式序号排法与规范序号保持一致。

1.0.3 本手册和学习光盘发布时,所引用规程、规范及其他相关技术标准和资料均为有效。当所引用版本更新时,本手册和学习光盘将同步更新发行。

2　无机结合料试验

2.1　水泥或石灰稳定材料中水泥或石灰剂量测定方法（EDTA 滴定法）（参照 T 0809—2009 执行）

2.1.1　目的与适用范围

（1）本方法适用于在工地快速测定水泥和石灰稳定材料中水泥和石灰的剂量，并可用于检查现场拌和和摊铺的均匀性。

（2）本方法适用于水泥终凝之前的水泥含量测定，现场土样的石灰剂量应在路拌后尽快测试，否则需要用相应龄期的 EDTA 二钠标准溶液消耗量的标准曲线确定。

（3）本方法也可以用来测定水泥和石灰综合稳定材料中结合料的剂量。

2.1.2　主要检测设备

（1）电子天平：量程不小于 1 500g，感量 0.01g，如图 T 0809-1 所示。

（2）滴定设备，如图 T 0809-2 所示。

图 T 0809-1　电子天平(感量 0.01g)

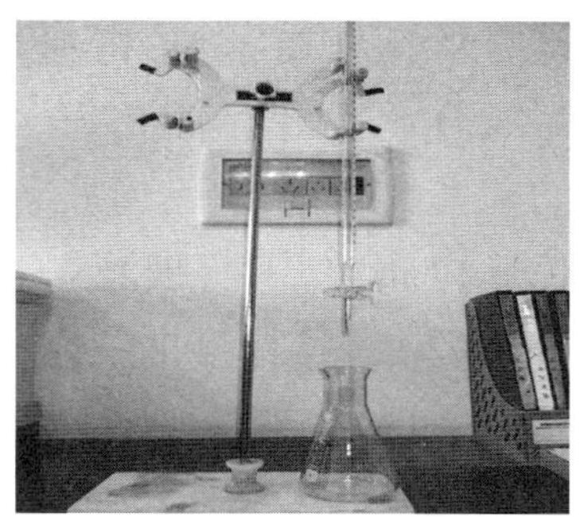

图 T 0809-2　滴定设备

2.1.3　试验准备

(1)试剂准备

①0.1mol/L 乙二胺四乙酸二钠(EDTA 二钠)标准溶液(简称 EDTA 二钠标准溶液):准确称取 EDTA 二钠(分析纯)37.23g,用 40 ~50℃无二氧化碳的蒸馏水溶解,待全部溶解并冷却至室温后,定容至 1 000mL。

②10%氯化铵〔NH_4Cl〕溶液:将 500g 氯化铵〔分析纯或化学纯〕放在 10L 的聚乙烯桶内,加蒸馏水 4 500mL,充分振荡,使氯化铵完全溶解。也可以分批在 1 000mL 的烧杯内配制,然后倒入塑料桶内摇匀。

③1.8%氢氧化钠(内含三乙醇胺)溶液:用电子天平称 18g 氢氧化钠〔NaOH〕〔分析纯),放入洁净干燥的 1 000mL烧杯中,加 1 000mL 蒸馏水使其全部溶解,待溶液冷却至室温后,加入 2mL 三乙醇胺〔分析纯〕,搅拌均匀后储于塑料桶中。

④钙红指示剂：将0.2g钙试剂羧酸钠（分子式$C_{21}H_{13}N_2NaO_7S$，分子量460.39）与20g预先在105℃供箱中烘1h的硫酸钾混合。一起放入研钵中，研成极细粉末，储于棕色广口瓶中，以防吸潮。

（2）准备标准曲线

①取样：取工地用石灰和土，风干后用烘干法测其含水率（如为水泥，可假定含水率为0）。

②混合料组成的计算：

a. 公式：干料质量＝湿料质量/（1＋含水率）

b. 计算步骤：

（a）干混合料质量＝湿混合料质量/（1＋最佳含水率）；

（b）干土质量＝干混合料质量/（1＋石灰或水泥剂率）；

（c）干石灰或水泥质量＝干混合料质量－干土质量；

（d）湿土质量＝干土质量×（1＋土的风干含水率）；

（e）湿石灰质量＝干石灰质量×（1＋石灰的风干含水率）；

（f）石灰土中应加入的水＝湿混合料质量－湿土质量－湿石灰质量。

③准备5种试样，每种两个样品（以水泥稳定材料为例），如为水泥稳定中、粗粒土，每个样品取1 000g左右（如为细粒土，则可称取300g左右）准备试验。为了减少中、粗粒土的离散，宜按设计级配单份掺配的方式备料。

5种混合料的水泥剂量应为：水泥剂量为0，最佳水泥剂量左右、最佳水泥剂量±2%和4%，每种剂量取两个（为湿质量）试样，共10个试样，并分别放在10个大口聚乙烯桶(如为稳定细粒土,可用搪瓷杯或1 000mL具塞三角瓶;如为粗粒土,可用5L的大口聚乙烯桶)内。土的含水量应等于工地预期达到的最佳含水率,土中所加的水应与工地所用的水相同。

④取一个盛有试样的盛样器,在盛样器内加入2倍试样质量(湿料质量)体积的10%氯化铵溶液(如湿料质量为300g,则氯化铵溶液为600mL;如湿料质量为1 000g,则氯化铵溶液为2 000mL。料为300g,则搅拌3min(每分钟搅110~120次);料为1 000g,则搅拌5min。如用1 000mL具塞三角瓶,则手握三角瓶(瓶口向上)用力振荡3min(每分钟120次±5次),以代替搅拌棒搅拌。放置沉淀10min,然后将上部清液转移到300mL烧杯内,搅匀,加盖表面皿待测。

⑤用移液管吸取上层〔液面上1~2cm〕悬浮液10.0mL放入200mL的三角瓶内,用量管量取1.8%氢氧化钠(内含三乙醇胺)溶液50mL倒入三角瓶中,此时溶液pH值为12.5~13.0(可用pH12~14精密试纸检验),然后加入钙红指示剂(质量约为0.2g),摇匀,溶液呈玫瑰红色。记录滴定管中二钠标准溶液的体积V_1,然后用EDTA二钠标准溶液滴定,边滴定边摇匀,并仔细观察溶液的颜色;在溶液颜色变为紫色时,放慢滴定速度,并摇匀;直到纯蓝色为终点,记录滴定管中EDTA二钠标准溶液体积V_2(以mL计,读至0.1mL)。计算V_1-V_2,即为EDTA二钠标准溶液的消耗量。

⑥对其他几个盛样器中的试样，用同样的方法进行试验，并记录各自的 EDTA 二钠标准溶液的消耗量。

⑦以同一水泥或石灰剂量稳定材料 EDTA 二钠标准溶液消耗量（mL）的平均值为纵坐标，以水泥或石灰剂量（%）为横坐标制图。两者的关系应是一根顺滑的曲线，如图 T 0809-3 所示。如素土、水泥或石灰改变，必须重做标准曲线。

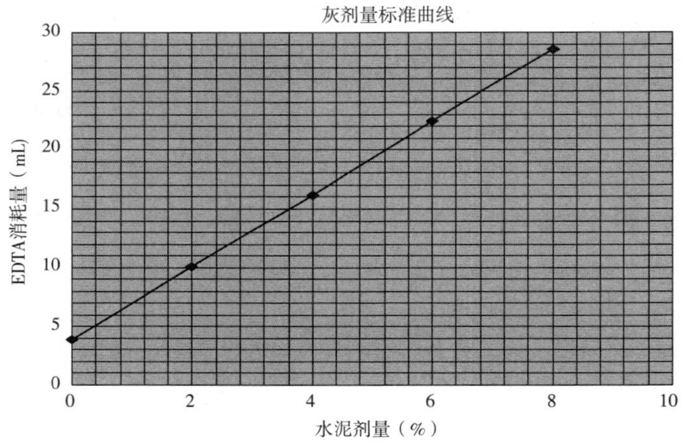

图 T 0809-3　EDTA 标准曲线

2.1.4　试验步骤

（1）选取有代表性的无机结合料稳定材料，对稳定中、粗粒土取试样约 3 000g，对稳定细粒土取试样约 1 000g。

（2）对水泥或石灰稳定细粒土，称 300g 放在搪瓷杯中,用搅拌棒将结块搅散,加600mL10%氯化铵溶液,对水泥或石灰稳定中、粗粒土,可直接取1 000g左右,放入2 000mL10%氯化铵溶液,然后如前述步骤进行试验。

(3)利用所绘制的标准曲线,根据EDTA二钠标准溶液消耗量,确定混合料中的水泥或石灰剂量。

2.1.5　试验结果计算

本试验应进行两次平行测定,取算术平均值,精确至0.1mL。允许重复性误差不大于均值的5%,否则,重新进行试验。

2.1.6　试验记录

水泥或石灰稳定材料中水泥或石灰剂量测定方法(EDTA滴定法)记录示例见表T 0809-1。

2.1.7　试验规程

《公路工程无机结合料稳定材料试验规程》(JTG E51—2009)

2.1.8　注意事项

(1)试验前必须检查所用的仪器设备,确保设备功能正常。

(2)溶液配制需准确。

(3)在溶液颜色变为紫色时,放慢滴定速度。

水泥或石灰剂量试验记录表

表 T 0809-1

试验编号	现场混合料试验结果				标准曲线		
	初读数 V_1 (mL)	初读数 V_2 (mL)	EDTA 耗量 (mL)	查标准曲线对应的剂量 (%)	平均值 (%)	拟配剂量 (%)	EDTA 耗量 (mL)
1	0.3	13.5	13.2	6.8	6.8	3	6.3
	13.5	26.9	13.4	6.9		4	8.3
2	1.1	13.0	11.9	6.0	6.1	5	10.2
	13.0	25.2	12.2	6.2		6	11.9
3	0.8	12.7	11.9	6.0	6.0	7	13.5
	12.7	24.8	12.1	6.1			
4	1.0	13.8	12.8	6.6	6.5		
	13.8	26.3	12.5	6.4			
5	0.4	12.8	12.4	6.3	6.3		
	12.8	25.2	12.4	6.3			
6	0.3	13.3	13.0	6.7	6.7		
	13.3	26.3	13.0	6.7			

EDTA耗量（mL）
14
13
12
11
10
9
8
7
6
3
4
5
6
7
8
合料剂量（%）

(4)本试验应进行两次平行测定。

(5)允许重复性误差不大于均值的5%,否则,重新进行试验。

2.2 无机结合料稳定材料击实试验方法(参照 T 0804—1994 执行)

2.2.1 目的与适用范围

(1)本方法适用于在规定的试筒内,对水泥稳定材料(在水泥水化前)、石灰稳定材料及石灰(或水泥)粉煤灰稳定材料进行击实试验,以绘制稳定材料的含水率—干密度关系曲线,从而确定其最佳含水率和最大干密度。

(2)试验集料的公称最大粒径宜控制在37.5mm以内(方孔筛)。

(3)试验方法类别。本试验方法分3类,各类击实方法的主要参数列于表 T 0804-1。

试验方法类别表　　表 T 0804-1

类别	锤的质量(kg)	锤击面直径(cm)	落高(cm)	试筒尺寸			锤击层数	每层锤击次数	平均单位击实功(J)	容许最大公称粒径(mm)
				内径(cm)	高(cm)	容积(cm)				
甲	4.5	5.0	45	10.0	12.7	997	5	27	2.687	19.0
乙	4.5	5.0	45	15.2	12.0	2 177	5	59	2.687	19.0
丙	4.5	5.0	45	15.2	12.0	2 177	3	98	2.677	37.5

2.2.2　主要检测设备

(1)击实筒:小型,内径100mm、高127mm的金属圆筒,套环高50mm,底座;大型,内径152mm、高170mm的金属圆筒,套环高50mm,直径151mm和高50mm的筒内垫块,底座。

图T 0804-1　电动击实仪

(2)多功能自控电动击实仪:击锤的底面直径50mm,总质量4.5kg。击锤在导管内的总行程为450mm。可设置击实次数,并保证击锤自由垂直落下,落高450mm,锤迹均匀分布于试样面,如图T 0804-1所示。

(3)电子天平:量程4 000g,感量0.01g,如图T 0804-2所示。

(4)电子天平:量程15kg,感量0.1g,如图T 0804-3所示。

图T 0804-2　电子天平(感量0.01g)

图T 0804-3　电子天平(感量0.1g)

2.2.3　试验准备

(1)试样准备

①将具有代表性的风干试料(必要时,也可以在50℃烘箱内烘干)用木锤捣碎或用木碾碾碎。土团均应破碎到能通过4.75mm的筛孔。但应注意不使粒料的单个颗粒破碎或不使其破碎程度超过施工中拌和机械的破碎率。

②如试料是细粒土,将已破碎的具有代表性的土过4.75mm筛备用(用甲法或乙法做试验)。

③如试料中含有粒径大于4.75mm的颗粒,则先将试料过19mm筛;如存留在19mm筛上的颗粒的含量不超过10%,则过26.5mm筛,留作备用(用甲法或乙法做试验)。

④如试料中粒径大于19mm的颗粒含量超过10%,则将试料过37.5mm筛;如果存留在37.5mm筛上的颗粒的含量不超过10%,则过53mm筛备用(用丙法试验)。

⑤每次筛分后,均应记录超尺寸颗粒的百分率P。

⑥在预定做击实试验的前一天,取有代表性的试料测定其风干含水率。对于细粒土,试样应不少于100g;对于中粒土,试样应不少于1 000g;对于粗粒土的各种集料,试样应不少于2 000g。

(2)仪器准备

①在试验前用游标卡尺准确测量试模的内径、高和垫块的厚度,以计算试筒的容积。

②在试验前应将试验所需要的各种仪器设备准备齐全,测量设备应满足精度要求;调试击实仪器,检查其运转

是否正常。

2.2.4　试验步骤

(1)甲法

①将已筛分的试样用四分法逐次分小,至最后取出10~15kg试料。再用四分法将已取出的试料分成5~6份,每份试料的干质量为2.0kg(对于细粒土)或2.5kg(对于各种中粒土)。

②预定5~6个不同含水率,依次相差0.5%~1.5%,且其中至少有两个大于和两个小于最佳含水率。

注:对于中、粗粒土,在最佳含水率附近取0.5%,其余取1%。对于细粒土,取1%,但对于黏土,特别是重黏土,可能需要取2%。

③按预定含水率制备试样。将1份试料平铺于金属盘内,将事先计算得的该份试料中应加的水量均匀地喷洒在试料上,用小铲将试料充分拌和到均匀状态(如为石灰稳定材料、石灰粉煤灰综合稳定材料、水泥粉煤灰综合稳定材料和水泥、石灰综合稳定材料,可将石灰、粉煤灰和试料一起拌匀),然后装入密闭容器或塑料口袋内浸润备用。

浸润时间要求:黏质土12~24h,粉质土6~8h,砂类土、砂砾土、红土砂砾、级配砂砾等可以缩短到4h左右,含土很少的未筛分碎石、砂砾和砂可缩短到2h。浸润时间一般不超过24h。

应加水量可按式(T 0804-1)计算。

$$m_w = \left(\frac{m_n}{1+0.01w_n} + \frac{m_c}{1+0.01w_c}\right) \times 0.01w - \frac{m_n}{1+0.01w_n} \times 0.01w_n - \frac{m_c}{1+0.01w_c} \times 0.01w_c \qquad (T\ 0804\text{-}1)$$

式中:m_w——混合料中应加的水量,g;

m_n——混合料中素土(或集料)的质量,g;其原始含水率为 w_n,即风干含水率,%;

m_c——混合料中水泥或石灰的质量,g;其原始含水率为 w_c,%;

w——要求达到的混合料的含水率,%。

④将所需要的稳定剂水泥加到浸润后的试料中,并用小铲、泥刀或其他工具充分拌和到均匀状态。水泥应在土样击实前逐个加入。加有水泥的试样拌和后,应在1h内完成击实试验,拌和后超过1h的试样,应予作废(石灰稳定材料和石灰粉煤灰稳定材料除外)。

⑤试筒套环与击实底板应紧密联结。将击实筒放在坚实地面上,取制备好的试样(用四分法)400~500g(其量应使击实后的试样等于或略高于筒高的1/5)倒入筒内,整平其表面并稍加压紧,然后按所需击数进行第1层试样的击实。第1层击实完后,检查该层高度是否合适,以便调整以后几层的试样用量。用刮土刀或螺丝刀将已击实层的

表面“拉毛”,然后重复上述做法,进行其余 4 层试样的击实。最后一层试样击实后,试样超出试筒顶的高度不得大于 6mm,超出高度过大的试件应该作废。

⑥用刮刀沿套环内壁削挖(使试样与套环脱离)后,扭动并取下套环。齐筒顶细心刮平试样,并拆除底板。如试样底面略凸出筒外或有孔洞,则应细心刮平或修补。最后用工字形刮平尺齐筒顶和筒底将试样刮平。擦净试筒的外壁,称其质量 m_1。

⑦用脱模器推出筒内试样。从试样内部从上到下取两个有代表性的样品(可将脱出试件用锤打碎后,用四分法采取),测定其含水率,计算至 0.1%。两个试样的含水量的差值不得大于 1%。所取样品的数量见表 T 0804-2(如只取一个样品测定含水量,则样品的质量应为表列数值的 2 倍)。擦净试筒,称其质量 m_2。

测稳定土含水率的样品数量　　表 T 0804-2

公称最大粒径(mm)	样品质量(g)
2.36	约 50
19	约 300
37.5	约 1 000

烘箱的温度应事先调整到 110℃左右,以使放入的试样能立即在 105~110℃的温度下烘干。

⑧按本款第③~⑦项的步骤进行其余含水率下稳定土的击实和测定工作。凡已用过的试样,一律不再重复使用。

(2)乙法

①在缺乏内径 10cm 的试筒时,以及在需要与承载比

等试验结合起来进行时,采用乙法进行击实试验。本法更适宜于公称最大粒径达19mm的集料。

②将已过筛的试料用四分法逐次分小,至最后取出约30kg试料。再用四分法将取出的试料分成5~6份,每份试料的干重约为4.4kg(细粒土)或5.5kg(中粒土)。

③以下各步的做法与(1)款第②~⑧项相同,但应该先将垫块放入筒内底板上,然后加料并击实。所不同的是,每层需取制备好的试样约900g(对于水泥或石灰稳定细粒土)或1100g(对于稳定中粒土),每层的锤击次数为59次。

(3)丙法

①将已过筛的试料用四分法逐次分小,至最后取出约33kg试料。再用四分法将取出的试料分成6份(至少要5份),每份重约5.5kg(风干质量)。

②预定5~6个不同含水率,依次相差0.5%~1.5%。在估计的最佳含水率左右可只差0.5%~1%。

注:对于水泥稳定类材料,在最佳含水率附近取0.5%;对于石灰、二灰稳定类材料,根据具体情况在最佳含水率附近取1%。

③同甲法③。

④同甲法④。

⑤将试筒、套环与夯击底板紧密地联结在一起,并将垫块放在筒内底板上。击实筒应放在坚实地面上,取制备好的试样1.8kg左右[其量应使击实后的试样略高于(高出1~2mm)筒高的1/3]倒入筒内,整平其表面,并稍加压紧。然后按所需击数进行第1层试样的击实。第1层击实完后检查该层的高度是否合适,以便调整以后两层的试样

用量。用刮土刀或螺丝刀将已击实的表面“拉毛”，然后重复上述做法，进行其余两层试样的击实。最后一层试样击实后，试样超出试筒顶的高度不得大于6mm。超出高度过大的试件应作废。

⑥用刮土刀沿套环内壁削挖（使试样与套环脱离）后，扭动并取下套环。齐筒顶细心刮平试样，并拆除底板，取走垫块。擦净试筒的外壁，称其质量。

⑦用脱模器推出筒内试样。从试样内部从上到下取两个有代表性的样品（可将脱出试件用锤打碎后，用四分法采取），测定其含水率，计算至0.1%。两个试样的含水率的差值不得大于1%。所取样品的数量应不少于700g，如只取一个样品测定含水率，则样品的数量应不少于1 400g。烘箱的温度应事先调整至110℃左右，以使放入的试样能立即在105～110℃的温度下烘干。

⑧按本款第③～⑦项进行其余含水率下稳定土的击实和测定。凡已用过的试料，一律不再重复使用。

2.2.5　试验结果计算

（1）稳定材料湿密度计算

按式（T 0804-2）计算每次击实后稳定土的湿密度。

$$\rho_w = \frac{m_1 - m_2}{V} \qquad (T\ 0804\text{-}2)$$

式中：ρ_w——稳定土湿密度，g/cm^3；

m_1——试筒和湿试样的总质量，g；

m_2——试筒的质量,g;

V——试筒的容积,cm^3。

(2)稳定材料干密度计算

按式(T 0804-3)计算每次击实后稳定土的干密度。

$$\rho_d = \frac{\rho_w}{1 + 0.01w} \quad (T\ 0804\text{-}3)$$

式中:ρ_d——试样的干密度,g/cm^3;

w——含水率,%。

(3)制图

①以干密度为纵坐标,以含水率为横坐标,在普通直角坐标纸上绘制干密度与含水率的关系曲线。曲线必须为凸形的,如试验点不足以连成完整的凸形曲线,则应该进行补充试验。

②将试验各点采用二次曲线方法拟合曲线,曲线的峰值点对应的含水率及干密度即为最佳含水量和最大干密度。

(4)超尺寸颗粒的校正

当试样中大于规定最大粒径的超尺寸颗粒的含率为5%~30%时,按下式对试验所得最大干密度和最佳含水率进行校正(超尺寸颗粒的含率小于5%时,可以不进行校正)。

①最大干密度按式(T 0804-4)校正。

$$\rho'_{dm} = \rho_{dm}(1 - 0.01p) + 0.9 \times 0.01pG'_a \quad (T\ 0804\text{-}4)$$

式中:ρ'_{dm}——校正后的最大干密度,g/cm^3;

ρ_{dm}——试验所得的最大干密度,g/cm^3;

p——试样中超尺寸颗粒的百分率,%;

G'_a——超尺寸颗粒毛体积相对密度。

②最佳含水率按式(T 0804-5)校正。

$$w'_0 = w_0(1 - 0.1p) + 0.01pw_a \quad (T\ 0804\text{-}5)$$

式中:w'_0——校正后的最佳含水率,%;

w_0——试验所得的最佳含水率,%;

p——试样中超尺寸颗粒的百分率,%;

w_a——超尺寸颗粒的吸水率,%。

注:超尺寸颗粒的含量少于5%时,它对最大干密度的影响位于平行试验的误差范围内。

(5)结果整理

①应做两次平行试验,取两次试验的平均值作为最大干密度和最佳含水率。两次重复性试验最大干密度的差不应超过0.05g/cm^3(稳定细粒土)和0.08g/cm^3(稳定中粒土和粗粒土),最佳含水率的差不应超过0.5%(最佳含水率小于10%)和1.0%(最佳含水率大于10%)。超出上述规定值,应重做试验,直到满足精度要求。

②混合料密度计算应保留小数点后3位有效数字,含水率应保留小数点后1位有效数字。

2.2.6　试验记录

无机结合料稳定材料击实试验记录示例见表T 0804-3。

2.2.7　试验规程

《公路工程无机结合料稳定材料试验规程》(JTG E51—2009)

稳定材料击实试验记录表

表 T 0804-3

筒容积		997		击锤质量		4.5		每层击数	27	落距	45	
干密度	试验次数		1		2		3		4		5	
	筒加湿土质量	g	3 937.6		3 972.5		4 018.2		4 006.9		3 996.7	
	筒质量	g	2 026.0		2 026.0		2 026.0		2 026.0		2 026.0	
	湿土质量	g	1 911.6		1 946.5		1 992.2		1 980.9		1 970.7	
	湿密度	g/cm^3	1.917		1.952		1.998		1.987		1.977	
	干密度	g/cm^3	1.707		1.722		1.745		1.720		1.699	
含水率	盒号		12	35	214	56	102	201	23	34	108	14
	盒+湿土质量	g	95.36	94.27	98.56	102.13	81.28	73.06	94.35	94.12	85.46	80.63
	盒+干土质量	g	87.31	86.53	89.67	92.88	75.20	67.02	85.02	84.31	76.78	72.5
	盒质量	g	22.18	23.34	22.65	24.02	32.64	25.99	23.34	22.67	23.45	23.18
	水质量	g	8.05	7.74	8.89	9.25	6.08	6.04	9.33	9.81	8.68	8.13

续上表

筒　容　积		997		击锤质量		4.5		每层击数	27	落距	45	
含水率	盒号		12	35	214	56	102	201	23	34	108	14
	干土质量	g	65.13	63.19	67.02	68.86	42.56	41.03	61.68	61.64	53.33	49.32
	含水率	%	12.4	12.2	13.3	13.4	14.3	14.7	15.1	15.9	16.3	16.5
	平均含水率	%	12.3		13.3		14.5		15.5		16.4	

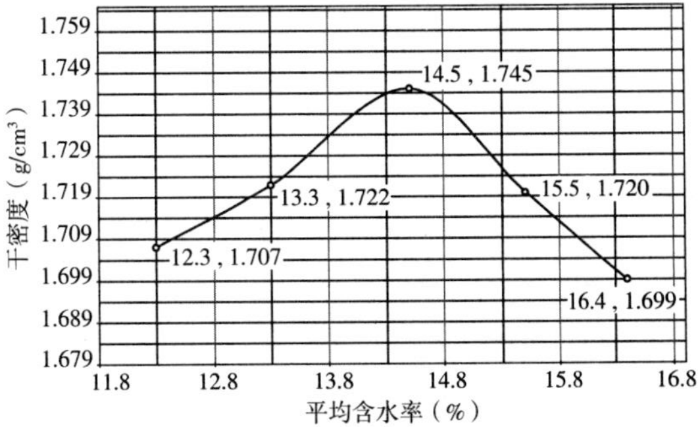

干密度（g/cm³）

1.759
1.749
1.739
1.729
1.719
1.709
1.699
1.689
1.679

12.3，1.707
13.3，1.722
14.5，1.745
15.5，1.720
16.4，1.699

11.8　12.8　13.8　14.8　15.8　16.8

平均含水率（%）

2.2.8 注意事项

(1)浸润时间要求:黏质土12~24h,粉质土6~8h,砂类土、砂砾土、红土砂砾、级配砂砾等可以缩短到4h左右,含土很少的未筛分碎石、砂砾和砂可缩短到2h。浸润时间一般不超过24h。

(2)加有水泥的试样拌和后,应在1h内完成下述击实试验,拌和后超过1h的试样,应予作废。

(3)最后一层试样击实后,试样超出试筒顶的高度不得大于6mm,超出高度过大的试件应该作废。

(4)烘箱的温度应事先调整到110℃左右,以使放入的试样能立即在105~110℃的温度下烘干。

(5)两次重复性试验最大干密度的差不应超过0.05g/cm^3(稳定细粒土)和0.08g/cm^3(稳定中粒土和粗粒土),最佳含水率的差不应超过0.5%(最佳含水率小于10%)和1.0%(最佳含水率大于10%)。超出上述规定值,应重做试验,直到满足精度要求。

2.3 无机结合料稳定材料无侧限抗压强度试验方法(参照JTG E51—2009执行)

2.3.1 目的与适用范围

本方法适用于测定无机结合料稳定材料(包括稳定细粒土、中粒土和粗粒土)试件的无侧限抗压强度。

2.3.2　主要检测设备

(1)压力机或万能试验机(也可用路面强度试验仪和测力计):压力机应符合现行《液压式压力试验机》(GB/T 3722—1992)及《试验机通用技术要求》(GB/T 2611—2007)中的要求,其测量精度为 ±1%,同时应具有加载速率指示装置或加载速率控制装置。上下压板平整并具有足够的刚度,可以均匀的连续加载卸载,可以保持固定荷载。开机停机均灵活自如,能够满足试件吨位要求,且压力机加载速率应控制在 1mm/min,如图 JTG E51-1 所示。

图 JTG E51-1　电液式抗折试验机

(2)电子天平:量程 15kg,感量 0.1g,如图 JTG E51-2 所示;量程 4 000g,感量 0.01g,如图 JTG E51-3 所示。

图 JTG E51-2　电子天平(感量 0.01g)

图 JTG E51-3　电子天平(感量 0.1g)

2.3.3　试验准备

（1）试件制备

①将具有代表性的风干试料（必要时，可以在50℃烘箱内烘干），用木锤和木碾捣碎，但应避免破碎粒料原粒径。按照公称最大粒径的大一级筛，将土过筛并进行分类。

②在预定做实验的前一天，取有代表性的试料测定起风干含水率。对于细粒土，试样应不小于100g；对于中粒土，试样应不少于1 000g；对于粗粒土，试样的质量应不少于2 000g。

③按T 0804—1994确定无机结合料的最佳含水率和最大干密度。

④根据击实结果，称取一定质量的风干土，其质量随试件大小而变。对ϕ50mm×50mm的试件，1个试件需干土180～210g；对ϕ100mm×100mm的试件，1个试件需干土1 700～1 900g；对ϕ150mm×150mm的试件，1个试件需干土5 700～6 000g。

⑤对于细粒土，一次可称取6个试件的土；对于中粒土，一次宜称取一个试件的土；对于粗粒土，一次只称取一个试件的土。

⑥将成型用的模具擦拭干净，并涂抹机油。成型中、粗粒土时，试模筒的数量应与每组试件的个数相配套。上下垫块应与试模筒相配套，上下垫块能够刚好放入试筒内上下自由移动（一般来说，上下垫块直径比试筒内径小约

0.2mm)且上下垫块完全放入试筒后,试筒内未被上下垫块占用的空间体积能满足径高比为1:1的设计要求。

⑦对于无机结合料稳定细粒土,至少应该制备6个试件;对于无机结合料稳定中粒土和粗粒土,至少应该分别制备9个和13个试件。

⑧根据击实结果和无机结合料的配合比按式JTG E51-6计算每份料的加水量、无机结合料的质量。

⑨将称好的土样放在长方盘(约400mm×600mm×70mm)内。向土中加水拌料、闷料。石灰稳定材料、水泥和石灰综合稳定材料、水泥粉煤灰综合稳定材料,可将石灰或粉煤灰和土一起拌和,将拌和均匀后的试料放在密闭容器或塑料袋(封口)内浸润备用。对于细粒土(特别是黏性土),浸润时间的含水率应比最佳含水率小3%;对于中粒土和粗粒土,可按最佳含水率加水;对于水泥稳定类材料,加水量应比最佳含水率小1%~2%。

注:应加的水量可按式(JTG E51-1)计算。

$$m_w = \left(\frac{m_n}{1+0.01w_n} + \frac{m_c}{1+0.01w_c}\right) \times 0.01w - \frac{m_n}{1+0.01w_n} \times 0.01w_n - \frac{m_c}{1+0.01w_c} \times 0.01w_c \qquad \text{(JTG E51-1)}$$

式中:m_w——混合料中应加的水量,g;

m_n——混合料中素土(或集料)的质量,g,其含水率为w_n(风干含水率),%;

m_c——混合料中水泥或石灰的质量，g，其原始含水率为 w_c，%（水泥的 w_c 通常很小，也可以忽略不计）；

w——要求达到的混合料的含水率，%。

浸润时间要求：黏质土 12～24h，粉质土 6～8h，砂类土、砂砾土、红土砂砾、级配砂砾等可以缩短到 4h 左右，含土很少的未筛分碎石、砂砾及砂可以缩短到 2h。浸润时间一般不超过 24h。

⑩在试件成型前 1h 内，加入预定数量的水泥并拌和均匀。在拌和过程中，应将预留的水（对于细粒土为 3%，对于水泥稳定类为 1%～2%）加入土中，使混合料达到最佳含水量。拌和均匀的加有水泥的混合料应在 1h 内按下述方法制成试件，超过 1h 的混合料应该作废。其他结合料稳定材料，混合料虽不受此限，但也应尽快制成试件。

⑪将试模配套的下垫块放入试模下部，但外露 2cm 左右。将称量的规定数量 m_2 的稳定材料混合料分 2～3 次灌入试模中，每次灌入后用夯棒轻轻均匀插实。如制取 ϕ50mm×50mm 的小试件，则可以将混合料一次倒入试模中，然后将与试模配套的上垫块放入试模内，也应该使其外露 2cm 左右（即上、下垫块露出试模外的部分应该相等）。

⑫将整个试模（连同上、下垫块）放到反力架内的千斤顶上（千斤顶下应放一扁球座）或压力机上，以 1mm/min 的加载速率加压，直到上下压柱都压入试模为止。维持压

力 2min。

⑬解除压力后，取下试模，并放到脱模器上将试件顶出。用水泥稳定有黏结性的材料（如黏质土）时，制件后可以立即脱模；用水泥稳定无黏结性细粒土时，最好过 2 ~4h 再脱模；对于中、粗粒土的无机结合料稳定材料，也最好过 2 ~6h 脱模。

⑭在脱模器上取试件时，应用双手抱住试件侧面的中下部，然后沿水平方向轻轻旋转，待感觉到试件移动后，再将试件轻轻捧起，放置到试验台上。切勿直接将试件向上捧起。

⑮称试件质量 m_2，小试件精确至 0.01g，中试件精确至 0.01g，大试件精确至0.1g。然后用游标卡尺测量试件高度 h，精确至 0.1mm。检查试件的高度和质量，不满足成型标准的试件作为废件。

⑯试件称量后应立即放在塑料袋中封闭，并用潮湿的毛巾覆盖，移放至标准养生室。

⑰单个试件的标准质量：

$$m_0 = V \times \rho_{max} \times (1 + w_{opt}) \times \gamma \qquad (JTG\ E51\text{-}2)$$

考虑到试件成型过程中的质量损耗，实际操作过程中每个试件的质量可增加 0% ~2%，即：

$$m'_0 = m_0 \times (1 + \delta) \qquad (JTG\ E51\text{-}3)$$

每个试件的干料（包括干土和无机结合料）总质量：

$$m_1 = \frac{m'_0}{1 + w_{opt}} \qquad (JTG\ E51\text{-}4)$$

每个试件中的无机结合料质量：

外掺法 $$m_2 = m_1 \times \frac{a}{1+a} \quad \text{(JTG E51-5)}$$

内掺法 $$m_2 = m_1 \times a \quad \text{(JTG E51-6)}$$

每个试件中的干土质量：

$$m_3 = m_1 - m_2 \quad \text{(JTG E51-7)}$$

每个试件的加水量：

$$m_w = (m_2 + m_3) \times \omega_{opt} \quad \text{(JTG E51-8)}$$

验算：

$$m'_0 = m_2 + m_3 + m_w \quad \text{(JTG E51-9)}$$

式中：V——试件体积，cm^3；

w_{opt}——混合料最佳含水率，%；

ρ_{max}——混合料最大干密度，g/cm^3；

γ——混合料压实度标准，%；

m_0、m'_0——混合料质量，g；

m_1——干混合料质量，g；

m_2——无机结合料质量，g；

m_3——干土质量，g；

δ——计算混合料质量的冗余量，%；

a——无机结合料的掺量，%；

m_w——加水质量，g。

(2)试件的标准养生(参照 T 0845—2009 执行)

①试件从试模内脱出并量高称质量后，小试件、中试件和大试件均应装入塑料袋内。试件装入塑料袋后，将袋

内的空气排除干净,扎紧袋口,将包好的试件放入养护室。

②标准养生的温度为20℃ ±2℃,标准养生的湿度为≥95%。试件宜放在铁架或木架上,间距至少10~20mm。试件表面应保持一层水膜,并避免用水直接冲淋。

③对无侧限抗压强度试验,标准养生龄期是7d,最后一天浸水。对弯拉强度、间接抗拉强度,水泥稳定材料类的标准养生龄期是90d,石灰稳定材料类的标准养生龄期是180d。

④在养生期的最后一天,将试件取出,观察试件的边角有无磨损和缺块,并量高称质量,然后将试件浸泡于20℃ ±2℃水中,应使水面在试件顶上约2.5cm。

⑤养生期间,试件质量损失应符合下列规定:小试件不超过1g;中试件不超过4g;大试件不超过10g。质量损失超过此规定的试件,应予作废。

(3)仪器准备

根据试验材料的类型和一般工程经验,选择合适量程的测力计和压力机,试件破坏荷载应大于测力量程的20%且小于测力量程的80%。球形支座和上下顶板涂上机油,使球形支座能灵活转动。

2.3.4　试验步骤

(1)将已浸水一昼夜的试件从水中取出,用软的旧布吸去试件表面的可见自由水,并称试件的质量。

(2)用游标卡尺量试件的高度,精确到0.1mm。

(3)将试件放到路面材料强度试验仪的升降台上(台上先放一扁球座),进行抗压试验。实验过程中,应使试件的形变等速增加,并保持速率约为1mm/min。记录试件破坏时的最大压力 P(N)。

(4)从试件内部取有代表性样品(经过打破),测定其含水率。

2.3.5　试验结果计算

(1)试件的无侧限抗压强度按式(JTG E51-10)计算:

$$R_c = \frac{P}{A} \qquad \text{(JTG E51-10)}$$

式中:R_c——试件的无侧限抗压强度,MPa;

P——为试件破坏时的最大压力,N;

A——为试件的截面积,mm²;

$$A = \frac{1}{4}\pi D^2$$

D——试件的直径,mm。

(2)抗压强度保留1位小数。

(3)同一组试件试验中,采用3倍均方差方法剔除异常值,小试件可以允许有1个异常值,中试件1~2个异常值,大试件2~3个异常值。异常值数量超过上述规定的试验重做。

(4)同一组试验的变异系数 C_v(%)符合下列规定,方为有效试验:小试件 $C_v \leqslant 6\%$;中试件 $C_v \leqslant 10\%$;大试件 $C_v \leqslant 15\%$。如不能保证试验结果的变异系数小于规定的值,则应按允许误差10%和90%。概率重新计算所需的试件数量,增加试件数量并另做新试验。新试验结果与老试验结果一并重新进行统计评定,直到变异系数满足上述规定。

2.3.6　试验记录

无机结合料稳定材料无侧限抗压强度试验记录示例见表JTG E51-1。

2.3.7　试验规程

《公路工程无机结合料稳定材料试验规程》(JTG E51—2009)。

2.3.8　注意事项

(1)对于无机结合料稳定细粒土,至少应该制备6个试件;对于无机结合料稳定中粒土和粗粒土,至少应该分别制备9个和13个试件。

(2)在试件成型前1h内,加入预定数量的水泥并拌和均匀。

(3)加荷速率约为1mm/min。

(4)小试件可以允许有1个异常值,中试件1~2个异常值,大试件2~3个异常值。

(5)小试件变异系数$C_v \leqslant 6\%$;中试件$C_v \leqslant 10\%$;大试件$C_v \leqslant 15\%$。

无侧限抗压强度试验记录表

表 JTG E51-1

试验规程:	JTG E51—2009		试样描述:	
仪器设备名称及编号:				

制件日期＿＿＿＿ 浸水日期＿＿＿＿ 最大干密度(g/cm^3) 2.30

成型含水率(%) 6 结合料剂量(%) 6(水泥) 试件直径 D(mm) 150

试件编号	试件成型后养生前		养生后质量(g)	养生前后质量差(g)	试件浸水后			无侧限抗压试验		
	质量(g)	高度(mm)			质量(g)	高度(mm)	吸水量(g)	应力环读数(10^{-2}mm)	轴向荷载 P(kN)	强度值 Rc(MPa)
1	6 329.8	150.8	6 328.6	1.2	6 342.6	151.2	14.0	—	80.26	4.5
2	6 328.6	151.6	6 328.5	0.1	6 347.5	152.3	19.0	—	79.56	4.5
3	6 330.4	151.3	6 330.0	0.4	6 358.7	152.0	28.7	—	79.85	4.5
4	6 332.8	150.6	6 333.1	0.3	6 360.6	153.1	27.5	—	76.49	4.3
5	6 327.9	152.1	6 328.1	0.2	6 348.3	152.8	20.2	—	85.67	4.8

续上表

试件编号	试件成型后养生前		养生后质量(g)	养生前后质量差(g)	试件浸水后			无侧限抗压试验		
	质量(g)	高度(mm)			质量(g)	高度(mm)	吸水量(g)	应力环读数(10^{-2}mm)	轴向荷载 P(kN)	强度值 Rc(MPa)
6	6 332.4	151.4	6 331.7	0.7	6 357.4	152.6	25.7	—	65.49	3.7
7	6 326.8	151.6	6 325.9	0.9	6 346.2	152.5	20.3	—	69.58	3.9
8	6 327.9	151.4	6 327.8	0.1	6 346.4	153.0	18.6	—	78.56	4.4
9	6 331.5	150.8	6 332.0	0.5	6 354.8	152.1	22.8	—	75.48	4.3
10	6 326.6	152.3	6 327.1	0.5	6 352.7	153.4	25.6	—	81.06	4.6
11	6 333.4	151.8	6 330.1	3.3	6 360.3	153.0	30.2	—	73.64	4.2
12	6 330.8	151.0	6 329.2	1.6	6 359.4	152.1	30.2	—	78.12	4.4
13	6 329.1	150.9	6 327.4	1.7	6 356.1	151.8	28.7	—	75.66	4.3
强度平均值 $\bar{R}$(MPa)		4.3			应力环系数(kN/10^{-2}mm)			—		
均方差 σ(MPa)		0.29			偏差系数 C_v(%)			6.7		
设计强度 R_d(MPa)		—			试件数量 n			13		
强度代表值 $R_{代}$(MPa)		3.8			保证率系数 Z_a			1.645		
备注		—								

3 路面现场检测试验

3.1 3m 直尺测定平整度试验方法(参照 T 0931—2008 执行)

3.1.1 目的与适用范围

(1)本方法适用于3m 直尺测定路表面的平整度。定义3m 直尺的基准面距离路表面的最大间隙表示路基路面的平整度,以毫米计。

(2)本方法用于测定压实成形的路面各层表面的平整度。以评定路面的施工质量,也可用于路基表面成形后的施工平整度检测。

3.1.2 主要检测设备

(1)3m 直尺:测量基准面长度为3m 长,基准面应平直,用硬木或铝合金钢等材料制成。

(2)楔形塞尺:硬木或金属制的三角形塞尺,有手柄。塞尺的长度与高度之比不小于10,宽度不大于15mm,边部带有高度标记,刻度读数分辨率小于或等于0.2mm。

(3)其他:皮尺、扫帚、粉笔等。

3.1.3　试验准备

(1)测定路段的选择:当为沥青路面施工过程中的质量检测时,试验地点应选在接缝处,以单杆测定评定;除高速公路以外,可用于其他等级公路路基路面工程质量检查验收或进行路况评定,每200m测2处,每处连续测量10尺。除特殊需要者以外,应以行车道一侧车轮轮迹(距车道线0.8~1.0m)作为连续测定的标准位置。对旧路已形成车辙的路面,应取车辙中间位置为测定位置,用粉笔在路面上做好标记。

(2)清扫路面测定位置处的污物。

3.1.4　试验步骤

(1)施工过程中检测时,根据需要确定方向,将3m直尺摆在测试点的路面上。

(2)目测3m直尺底面与路面之间的间隙情况,确定最大间隙的位置。

(3)用有高度标线的塞尺塞进间隙处,量测其最大间隙高度,精确至0.2mm。

3.1.5　试验结果计算

单杆检测路面的平整度计算,以3m直尺与路面的最大间隙为测定结果。连续测定10尺时,根据要求计算10

个最大间隙的平均值。

3.1.6 试验记录

3m 直尺测定平整度试验记录示例见表 T 0931-1。

3m 直尺测定路面平整度试验记录表　　表 T 0931-1

桩号区间	位置	平整度(mm)										平均值(mm)
		1	2	3	4	5	6	7	8	9	10	
K0 +000 ~ K0 +100	上行行车道左轮迹带	3.2	3.6	3.4	3.2	3.4	3.4	3.2	3.4	3.6	3.6	3.4
—	—	—	—	—	—	—	—	—	—	—	—	—
—	—	—	—	—	—	—	—	—	—	—	—	—
—	—	—	—	—	—	—	—	—	—	—	—	—
—	—	—	—	—	—	—	—	—	—	—	—	—
—	—	—	—	—	—	—	—	—	—	—	—	—

3.1.7 试验规程及判定依据

(1)《公路工程质量检验评定标准》(JTG F80/1—2004)

(2)《公路沥青路面施工技术规范》(JTG F 40—2004)

(3)《公路沥青路面设计规范》(JTG D50—2006)

(4)《公路路基设计规范》(JTG D30—2004)

(5)《公路路基路面现场测试规程》(JTG E60—2008)

(6)《公路养护安全作业规程》(JTG H30—2004)

3.1.8　注意事项

(1)使用楔形塞尺读数时,视线应垂直刻度线,保证读数精确。

(2)目测3m直尺底面与路面间较大间隙时,需用粉笔将其位置标出,以便确定最大间隙位置。

(3)试验过程中试验人员必须做好安全防范措施,身穿反光服饰。

3.2　贝克曼梁测定路基路面回弹弯沉试验方法(参照T 0951—2008执行)

3.2.1　目的与适用范围

(1)本方法适用于测定各类路基、路面的回弹弯沉,用以评定其整体承载能力,可供路面结构设计使用。

(2)沥青路面的弯沉以沥青面层平均温度20℃时为准,当路面平均温度在20℃ ±2℃可不修正,对厚度大于5cm的沥青路面,弯沉值应予温度修正。

3.2.2　主要检测设备

(1)标准车:双轴,后轴双侧4轮的载重车。其标准轴荷载、轮胎尺寸、轮胎间隙及轮胎气压等主要参数应符合表T 0951-1的要求。测试车应采用后轴100kN标准轴载

BZZ－100的汽车。

测定弯沉用的标准车参数　　表T 0951-1

标准轴载等级	BZZ－100
后轴标准轴载P(kN)	100±1
一侧双轮荷载(kN)	50±0.5
轮胎充气压力(MPa)	0.70±0.05
单轮传压面当量圆直径(cm)	21.30±0.5
轮隙宽度	应满足能自由插入弯沉仪测头的测试要求

(2)路面弯沉仪：由贝克曼梁、百分表及表架组成。贝克曼梁由合金铝制成，上有水准泡，其前臂(接触路面)与后臂(装百分表)长度比为2∶1，弯沉仪长度有两种：一种长3.6m，前后臂分别为2.4m和1.2m；另一种加长的弯沉仪长5.4m，前后臂分别为3.6m和1.8m。当在半刚性基层沥青路面或水泥混凝土路面上测定时，应采用长度为5.4m的贝克曼梁弯沉仪；对柔性基层或混合式结构沥青路面可采用长度为3.6m的贝克曼梁弯沉仪测定，弯沉采用百分表量得，也可用自动记录装置进行测量。

(3)接触式路表温度计或红外线测温仪：分度不大于1℃。

(4)其他：皮尺、口哨、粉笔、指挥旗等。

3.2.3　试验准备

(1)检查并保持测定用标准车的车况及制动性能良

好,轮胎胎压符合规定充气压力。

(2)向汽车车槽中装载(铁块或集料),并用地中衡称量后轴总质量及单侧轮荷载,均应符合要求的轴重规定,汽车行驶及测定过程中,轴重不得变化。

(3)测定轮胎接地面积:在平整度光滑的硬质路面上用千斤顶将汽车后轴顶起,在轮胎下方铺一张新的复写纸和一张方格纸,轻轻落下千斤顶,即在方格纸上印上轮胎印痕,用求积仪或数方格的方法测算轮胎接地面积,精确至 $0.1cm^2$。

(4)检查弯沉仪百分表量测灵敏情况。

(5)当在沥青路面上测定时,用路面温度计测定试验时气温及路表温度(一天中气温不断变化,应随时测定),并通过气象台了解前5天的平均气温(日最高气温与最低气温的平均值)。

(6)记录沥青路面修建或改建材料、结构、厚度、施工及养护等情况。

3.2.4　试验步骤

(1)在测试路段布置测点,其距离随测试需要而定。测点应在路面行车道的轮迹带上,并用白油漆或粉笔画上标记。

(2)将试验车后轮轮隙对准测点后3~5cm处的位置上。

(3)将弯沉仪插入汽车后轮之间的缝隙处,与汽车方向一致，梁臂不得碰到轮胎，弯沉仪测头置于测点上（轮隙中心前方 3～5cm 处），并安装百分表于弯沉仪的测定杆上，用手指轻轻扣打弯沉仪，检查百分表应稳定回零。弯沉仪可以是单侧测定，也可以双侧同时测定。

（4）测定者吹哨发令指挥汽车缓缓前进，百分表随路面变形的增加而持续向前转动。当表针转动到最大值时，迅速读取初读数 L_1。汽车仍在继续前进，表针反向回转，待汽车驶出弯沉影响半径（约 3m 以上）后，吹口哨或挥动红旗指挥停车。待表针回转稳定后读取终读数 L_2。汽车前进的速度宜为 5km/h 左右。

3.2.5 试验结果计算

（1）测点的回弹弯沉值按式（T 0951-1）计算：

$$l_t = (L_1 - L_2) \times 2 \qquad (T\ 0951\text{-}1)$$

式中：l_t——在路面温度为 t 时的回弹值，0.01mm；

L_1——车轮中心临近弯沉仪测头时百分表的最大读数，0.01mm；

L_2——汽车驶出弯沉影响半径后百分表的终读数，0.01mm。

（2）沥青面层厚度大于 5cm 的沥青路面，回弹弯沉值应进行温度修正，温度修正及回弹弯沉的计算宜按下列步骤进行。

①测定时的沥青层平均温度按式（T 0951-2）计算：

$$t = (t_{25} + t_m + t_e)/3 \qquad (T\ 0951\text{-}2)$$

式中：t——测定时沥青层平均温度，℃；

t_{25}——根据 t_0 由图 T 0951-1 决定的路表下 25mm 处的温度，℃；

t_m——根据 t_0 由图 T 0951-1 决定的沥青层中间深度的温度，℃；

t_e——根据 t_0 由图 T 0951-1 决定的沥青层底面处的温度，℃。

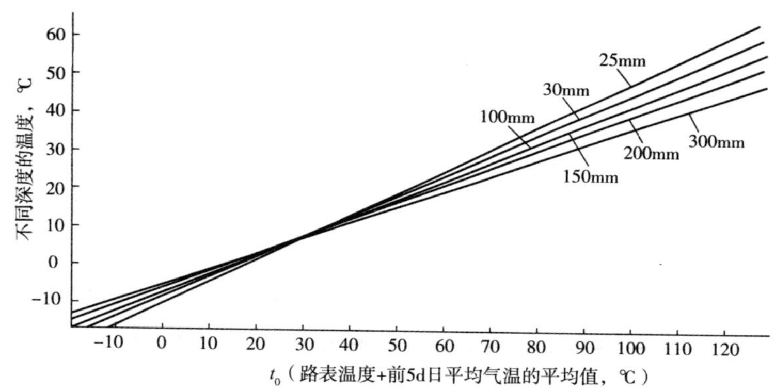

图 T 0951-1　沥青层平均温度的决定

注：线上的数字表示从路表向下的不同深度(mm)

图 T 0951-1 中 t_0 为测定时路表温度与测定前 5d 日平均气温的平均值之和(℃)，日平均气温为日最高气温与最低气温的平均值。

②采用不同基层的沥青路面弯沉值的温度修正系数 K，根据沥青层平均温度 t 及沥青层厚度求取，如图 T 0951-2 所示。

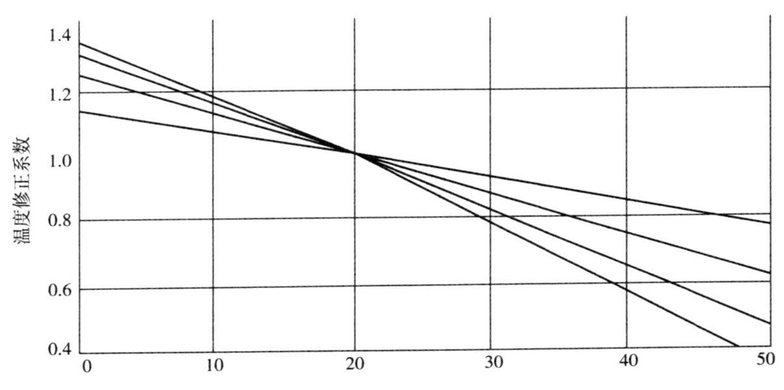

图 T 0951-2　路面弯沉温度系数曲线

③沥青路面回弹弯沉按式(T 0951-3)计算:

$$l_{20} = l_t \times K \tag{T 0951-3}$$

式中:K——温度修正系数;

l_{20}——换算为 20℃的沥青路面回弹弯沉值,0.01mm;

l_t——测定时沥青面层内平均温度为 t 时的回弹弯沉值,0.01mm。

3.2.6　试验记录

贝克曼梁测定路基路面回弹弯沉试验记录示例见表 T 0951-2。

3.2.7　试验规程及判定依据

(1)《公路工程质量检验评定标准》(JTG F80/1—2004)

(2)《公路沥青路面施工技术规范》(JTG F 40—2004)

贝克曼梁测定路基路面回弹弯沉试验记录表

表 T 0951-2

弯沉仪长度		5.4m	标准车轴载等级			BZZ－100	后轴重(kN)		100
轮胎气压左侧(MPa)		0.70	轮胎气压右侧(MPa)			0.70	路基干湿状况		—
路面等级	一级	路面结构类型	上面层(AC－16) 中面层(AC－20) 下面层(AC－25)			路面厚度(mm)	180	前5天平均气温(℃)	28
季节修正系数	—	保证率系数	1.645			剔除系数	—	设计弯沉值(0.01mm)	35
桩号	位置	路表温度(℃)	左侧(0.01mm)			右侧(0.01mm)			—
			初读数	终读数	回弹弯沉	初读数	终读数	回弹弯沉	备注
K0＋050	上行行车道	30	11	1	20	13	1	24	—
—	—	—	—	—	—	—	—	—	—
—	—	—	—	—	—	—	—	—	—
—	—	—	—	—	—	—	—	—	—
—	—	—	—	—	—	—	—	—	—
—	—	—	—	—	—	—	—	—	—
—	—	—	—	—	—	—	—	—	—
—	—	—	—	—	—	—	—	—	—
—	—	—	—	—	—	—	—	—	—
—	—	—	—	—	—	—	—	—	—

(3)《公路沥青路面设计规范》(JTG D50—2006)

(4)《公路路基路面现场测试规程》(JTG E60—2008)

(5)《公路养护安全作业规程》(JTG H30—2004)

3.2.8 注意事项

(1)弯沉仪的任何部分不得接触轮胎。

(2)随时记录各个测点的路表温度。

(3)弯沉仪测点位置位于后轮隙中心前方3~5cm处。

(4)采用长度为5.4m的弯沉仪测定时,可不进行支点变形修正。

(5)测试过程中测试人员必须做好安全防范措施,身穿反光服饰。

3.3 手工铺砂法测定路面构造深度试验方法(参照T 0961—1995执行)

3.3.1 目的与适用范围

本方法适用于测定沥青路面及水泥混凝土路面表面构造深度,用以评定路面表面的宏观构造。

3.3.2 主要检测设备

(1)人工铺砂仪:由圆筒、推平板组成。

①量砂筒:形状尺寸如图T 0961-1所示,一端是封闭的,容积为25mL±0.15mL,可通过称量砂筒中水的质量以

确定其容积 V,并调整其高度,使其容积符合规定。带一专门的刮尺,可将筒口量砂刮平。

②推平板:形状尺寸如图 T 0961-2 所示。推平板应为木制或铝制,直径 50mm,底面粘一层厚 1.5mm 的橡胶片,上面有一圆柱把手。

③刮平尺:可用 30cm 钢板尺代替。

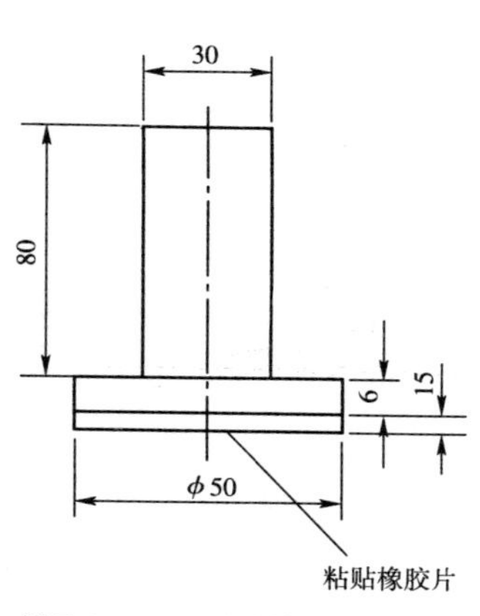

图 T 0961-1　量砂筒(单位:mm)

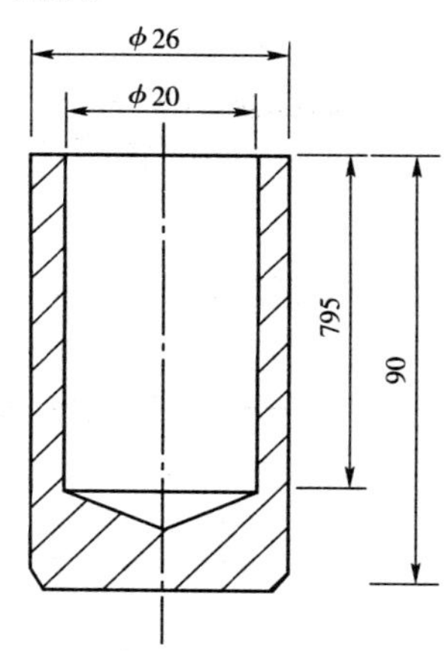

图 T 0961-2　推平板(单位:mm)

(2)量砂:足够数量的干燥洁净的匀质砂,粒径 0.15 ~ 0.3mm。

(3)量尺:钢板尺,钢卷尺,或采用已按式 T 0961-4 将直径换成构造深度作为刻度单位的专用构造深度尺。

(4)其他:装砂容器(小铲)、扫帚或毛刷、挡风板等。

3.3.3　试验准备

(1)量砂准备:取洁净的细砂,晾干过筛,取 0.15 ~

0.3mm 的砂置适当的容器中备用。量砂只能在路面上使用一次，不宜重复使用。

（2）《公路路基路面现场测试规程》（JTG E60—2008）附录 A 的方法，对试验路段按随机取样选点的方法，决定测点所在的横断面位置。测点应选在车道的轮迹带上，距路面边缘不应小于 1m。

3.3.4 试验步骤

（1）用扫帚或毛刷将测点附近的路面清扫干净，面积不小于 30cm × 30cm。

（2）用小铲装砂，沿筒壁向量砂筒中注满砂，手提量砂筒上方，在硬质路表面上轻轻地叩打 3 次，使砂密实，补足砂面用钢尺一次刮平。

（3）将砂倒在路面上，用底面粘有橡胶片的推平板，由里向外重复做旋转摊铺运动，稍稍用力将砂细心地尽可能地向外摊开，使砂填入凹凸不平的路表面的空隙中，尽可能将砂摊成圆形，并不得在表面留有浮动余砂。注意摊铺时不可用力过大或向外推挤。

（4）用钢板尺测量所构成圆的两个垂直方向的直径，取其平均值，精确至 5mm。

（5）按以上方法，同一处平行测定不少于 3 次，3 个测点均位于轮迹带上，测点间距 3 ~ 5m。对同一处，应该由同一试验员进行测定。该处的测定位置以中间测点的位置表示。

3.3.5　试验结果计算

（1）路面表面构造深度测定结果按式（T 0961-1）计算：

$$TD = \frac{1\ 000V}{\pi D^2/4} = \frac{31\ 831}{D^2} \qquad (T\ 0961\text{-}1)$$

式中：TD——路面表面构造深度，mm；

V——砂的体积，25cm^3；

D——摊平砂的平均直径，mm。

（2）精确度要求

每一处均取3次路面构造深度的测定结果的平均值作为试验结果，精确至0.01mm。

3.3.6　试验记录

列表逐点报告路面构造深度的测定值及3次测定的平均值。当平均值小于0.2mm时，试验结果以<0.2mm表示。

手工铺砂法测定路面构造深度试验记录示例见表T 0961-1。

3.3.7　试验规程及评定依据

（1）《公路工程质量检验评定标准》（JTG F80/1—2004）

（2）《公路沥青路面施工技术规范》（JTG F40—2004）

（3）《公路沥青路面设计规范》（JTG D50—2006）

（4）《公路路基路面现场测试规程》（JTG E60—2008）

（5）《公路养护安全作业规程》（JTG H30—2004）

手工铺砂法测定路面构造深度试验记录表

表 T 0961-1

试验路段	格致路			试验日期	2012.07.04	
试验规程及方法	《公路路基路面现场测试规程》(JTG E60—2008)			试验设备及编号	铺砂仪(3111479)	
测点位置		摊平砂直径(mm)		直径平均值(mm)	TD(mm)	平均值 TD(mm)
桩号	位置	*D*1	*D*2			
K0 +500	上行行车道右轮迹带	220	215	220	0.66	0.65
		225	225	225	0.63	
		215	220	220	0.66	
—	—	—	—	—	—	—
		—	—	—	—	
		—	—	—	—	
—	—	—	—	—	—	—
		—	—	—	—	
		—	—	—	—	
—	—	—	—	—	—	—
		—	—	—	—	
		—	—	—	—	
—	—	—	—	—	—	—
		—	—	—	—	
		—	—	—	—	

3.3.8 注意事项

(1)量砂应使用干燥洁净的均质砂,粒径0.15~0.3mm,量砂筒装入砂的体积$25cm^3$。

(2)量砂不应回收重复使用,以免影响量砂密度的均匀性。

(3)摊铺时不可用力过大或向外推挤,且应按同一方向由内向外摊铺,尽可能将砂摊成圆形。

(4)装入砂的量砂筒必须在硬质路表面上轻轻扣打3次,以使砂密实。

(5)不可直接用量砂筒装砂,应采用装砂容器(小铲)装砂,以免影响量砂密度的均匀性。

(6)铺砂法试验测试点应与摆式仪法测点和渗水试验测点位置一一对应。

(7)试验过程中试验人员必须做好安全防范措施,身穿反光服饰。

3.4 摆式仪测定路面摩擦系数试验方法(参照T 0964—2008执行)

3.4.1 目的与适用范围

本方法适用于以摆式摩擦系数测定仪(摆式仪)测定沥青路面、标线或其他材料试件的抗滑值,用以评定路面或路面材料试件在潮湿状态下的抗滑能力。

3.4.2 主要检测设备

(1)摆式仪:摆及摆的连接部分总质量为 1 500g ± 30g,摆动中心至摆的重心距离为 410mm ± 5mm,测定时摆在路面上滑动长度为 126mm ± 1mm,摆上橡胶片端部距摆动中心的距离为 510mm,橡胶片对路面的正向静压力为 22.2N ± 0.5N。

(2)橡胶片:当用于测定路面抗滑值时,其尺寸为 6.35mm × 25.4mm × 76.2mm。橡胶质量应符合表 T 0964-1 的要求。当橡胶片使用后,端部在长度方向上磨耗超过 1.6mm 或边缘在宽度方向上磨耗超过 3.2mm,或有油类污染时,即应更换新橡胶片。新橡胶片应先在干燥路面上测试 10 次后再用于测试。橡胶片的有效使用期从出厂日期起算为 12 个月。

(3)滑动长度量尺:长 126mm。

(4)喷水壶。

(5)硬毛刷。

(6)路面温度计:分度不大于 1℃。

(7)其他:扫帚、记录表格等。

橡胶物理性质技术要求 表 T 0964-1

性质指标	温度(℃)				
	0	10	20	30	40
弹性(%)	43 ~ 49	58 ~ 65	66 ~ 73	71 ~ 77	74 ~ 79
硬度(IR)	55 ± 5				

3.4.3　试验准备

（1）检查摆式仪的调零灵敏情况，并定期进行仪器的标定。当用于路面工程检查验收时，仪器必须重新标定。

（2）按《公路路基路面现场测试规程》（JTG E60—2008）附录A的方法，在测试路段的取样选点。在横断面上测点应选在行车道轮迹处，且距路面边缘应不小于1m。

3.4.4　测试步骤

（1）清洁路面：用扫帚或其他工具将测点处的路面打扫干净。

（2）仪器调平。

①将仪器置于路面测点上，并使摆的摆动方向与行车方向一致。

②转动底座上的调平螺栓，使水准泡居中。

（3）调零。

①放松紧固把手，转动升降把手，使摆升高并能自由摆动，然后旋紧紧固把手。

②将摆固定在右侧悬臂上，使摆处于水平释放位置，并把指针拨至右端与摆杆平行处。

③按下释放开关，使摆向左带动指针摆动。当摆达到最高位置后下落时，用手将摆杆接住，此时指针应指零。若不指零，可稍旋紧或旋松摆的调节螺母。重复上述4个步骤，直至指针指零。调零允许误差为±1。

（4）校核滑动长度。

①让摆处于自然下垂状态，松开固定把手，转动升降把手，使摆下降。与此同时，提起举升柄使摆向左侧移动，然后放下举升柄使橡胶片下缘轻轻触地，紧靠橡胶片摆放滑动长度量尺，使量尺左端对准橡胶片下缘；再提起举升柄使摆向右侧移动，放下举升柄使橡胶片下缘轻轻触地，检查橡胶片下缘应与滑动长度量尺的右端齐平。

②若齐平，则说明橡胶片两次触地的距离（滑动长度）符合 126mm 的规定。校核滑动长度时，应以橡胶片长边刚刚接触路面为准，不可借摆的力量向前滑动，以免标定的滑动长度与实际不符。

③若不齐平，升高或降低摆或仪器底座的高度。微调时用旋转仪器底座上的调平螺丝调整仪器底座的高度的方法比较方便，但需注意保持水准泡居中。

④重复上述动作，直至滑动长度符合 126mm 的规定。

⑤将摆固定在右侧悬臂上，使摆处于水平释放位置，并把指针拨至右端与摆杆平行处。

⑥用喷水壶浇洒测点使路面处于湿润状态。

⑦按下右侧悬臂上的释放开关，使摆在路面滑过。当摆杆回落时，用手接住，读数但不记录。然后使摆杆和指针重新置于水平释放位置。

⑧重复 4.4.6 和 4.4.7 的操作 5 次，并读记每次测定的摆值。

单点测定的 5 个值中最大值与最小值的差值不得大于 3（BPN），如差值大于 3（BPN）时，应检查产生的原因，并再次重复上述各项操作，至符合规定为止。

取5次测定的平均值作为单点的路面抗滑值（即摆值BPN_t），取整数。

⑨在测点位置用温度计测记潮湿路表温度，精确至1℃。

⑩每个测点由3个单点组成，即需按以上方法在同一测点处平行测定3次，以3次测定结果的平均值作为该测点的代表值（精确到1BPN）。3个单点均位于轮迹带上，单点间距离为3～5m。该测定的位置以中间单点的位置表示。

3.4.5　试验结果计算

当路面温度为t（℃）时，测得的摆值为BPN_t必须按式（T 0964-1）换算成标准温度20℃的摆值BPN_{20}。

$$BPN_{20} = BPN_t + \Delta BPN \qquad (T\ 0964\text{-}1)$$

式中：BPN_{20}——换算成标准温度20℃时的摆值；

BPN_t——路面温度t时测得的摆值；

ΔBPN——温度修正值按表T 0964-2采用。

温度修正值　　表T 0964-2

温度（℃）	0	5	10	15	20	25	30	35	40
温度修正值ΔBPN	−6	−4	−3	−1	0	+2	+3	+5	+7

3.4.6　试验记录

摆式仪测定路面摩擦系数试验记录示例见表T 0964-3。

路面摩擦系数试验记录表 表 T 0964-3

<table>
<tr><td colspan="2">试验路段</td><td colspan="6">格致路</td><td>路表温度</td><td colspan="2">晴,35℃</td></tr>
<tr><td colspan="2">试验规程及方法</td><td colspan="6">《公路路基路面现场测试规程》
(JTG E60—2008)</td><td>试验设备及编号</td><td colspan="2">摆式仪
(3110575)</td></tr>
<tr><td colspan="2">路面外观情况</td><td colspan="6">良好</td><td>试验日期</td><td colspan="2">2012.07.04</td></tr>
<tr><td rowspan="2">桩号</td><td rowspan="2">位置</td><td colspan="9">摆式仪(单位:BPN)</td></tr>
<tr><td>1</td><td>2</td><td>3</td><td>4</td><td>5</td><td>平均值</td><td>总平均值</td><td>温度修正值</td><td>标准值</td></tr>
<tr><td rowspan="3">K0 + 100</td><td rowspan="3">上行行车道
右轮迹带</td><td>50</td><td>49</td><td>49</td><td>50</td><td>48</td><td>49</td><td rowspan="3">49</td><td rowspan="3">+5</td><td rowspan="3">54</td></tr>
<tr><td>49</td><td>49</td><td>50</td><td>51</td><td>51</td><td>50</td></tr>
<tr><td>48</td><td>49</td><td>48</td><td>49</td><td>49</td><td>49</td></tr>
<tr><td rowspan="3">—</td><td rowspan="3">—</td><td>—</td><td>—</td><td>—</td><td>—</td><td>—</td><td>—</td><td rowspan="3">—</td><td rowspan="3">—</td><td rowspan="3">—</td></tr>
<tr><td>—</td><td>—</td><td>—</td><td>—</td><td>—</td><td>—</td></tr>
<tr><td>—</td><td>—</td><td>—</td><td>—</td><td>—</td><td>—</td></tr>
<tr><td rowspan="5">—</td><td rowspan="5">—</td><td>—</td><td>—</td><td>—</td><td>—</td><td>—</td><td>—</td><td rowspan="5">—</td><td rowspan="5">—</td><td rowspan="5">—</td></tr>
<tr><td>—</td><td>—</td><td>—</td><td>—</td><td>—</td><td>—</td></tr>
<tr><td>—</td><td>—</td><td>—</td><td>—</td><td>—</td><td>—</td></tr>
<tr><td>—</td><td>—</td><td>—</td><td>—</td><td>—</td><td>—</td></tr>
<tr><td>—</td><td>—</td><td>—</td><td>—</td><td>—</td><td>—</td></tr>
<tr><td rowspan="5">—</td><td rowspan="5">—</td><td>—</td><td>—</td><td>—</td><td>—</td><td>—</td><td>—</td><td rowspan="5">—</td><td rowspan="5">—</td><td rowspan="5">—</td></tr>
<tr><td>—</td><td>—</td><td>—</td><td>—</td><td>—</td><td>—</td></tr>
<tr><td>—</td><td>—</td><td>—</td><td>—</td><td>—</td><td>—</td></tr>
<tr><td>—</td><td>—</td><td>—</td><td>—</td><td>—</td><td>—</td></tr>
<tr><td>—</td><td>—</td><td>—</td><td>—</td><td>—</td><td>—</td></tr>
<tr><td rowspan="5">—</td><td rowspan="5">—</td><td>—</td><td>—</td><td>—</td><td>—</td><td>—</td><td>—</td><td rowspan="5">—</td><td rowspan="5">—</td><td rowspan="5">—</td></tr>
<tr><td>—</td><td>—</td><td>—</td><td>—</td><td>—</td><td>—</td></tr>
<tr><td>—</td><td>—</td><td>—</td><td>—</td><td>—</td><td>—</td></tr>
<tr><td>—</td><td>—</td><td>—</td><td>—</td><td>—</td><td>—</td></tr>
<tr><td>—</td><td>—</td><td>—</td><td>—</td><td>—</td><td>—</td></tr>
</table>

3.4.7　试验规程及评定依据

(1)《公路路基路面现场测试规程》(JTG E60—2008)

(2)《公路养护安全作业规程》(JTG H30—2004)

(3)《公路沥青路面养护技术规范》(JTJ 073.2—2001)

(4)《公路技术状况评定标准》(JTG H20—2007)

(5)《公路沥青路面设计规范》(JTG D50—2006)

(6)《公路工程质量检验评定标准》(JTG F80—1—2004)

3.4.8　注意事项

(1)确定设备已标定,在正常使用期限内。

(2)观察橡胶片的尺寸,保证在可用范围内。

(3)检测位置必须是车道的轮迹处,并且摆式仪的摆动方向必须与行车方向一致。

(4)单点测定的5个值中最大值与最小值的差值不得大于3(BPN),如差值大于3(BPN)时,应检查产生的原因,并再次重新操作。

(5)详细记录每个测点的路表温度。

(6)校核滑动长度时,应以橡胶片长边刚刚接触路面为准,不可借摆的力量向前滑动,以免标定的滑动长度与实际不符,滑动长度应为126mm。

(7)测试过程中测试人员必须做好安全防范措施,身穿反光背心。

3.5 沥青路面渗水系数测试方法(参照 T 0971—2008 执行)

3.5.1 目的与适用范围

本方法适用于在路面现场测定沥青路面的渗水系数。

3.5.2 主要检测设备

(1)路面渗水仪:上部盛水量筒由透明有机玻璃制成,容积 600mL,上有刻度,在 100mL 及 500mL 处有粗标线,下方通过 ϕ10mm 的细管与底座相接,中间有一开关。量筒通过支架联结,底座下方开口内径 ϕ150mm,外径 ϕ220mm。底座上部有一气孔,可通过开关控制底座内部空气与外部相通。仪器附不锈钢圈压重两个,每个质量约 5kg,内径 ϕ160mm。

(2)水筒、烧杯。

(3)秒表。

(4)密封材料:防水腻子或油灰。

(5)其他:水、粉笔、塑料圈、刮刀、扫帚等。

3.5.3 试验准备

(1)在测试路段的行车道路面上,按《公路路基路面现场测试规程》(JTG E60—2008)附录 A 的随机取样方法选择试验位置,每一个检测路段应测定 5 个测点,并用粉笔画上试验标记。

(2)试验前,首先用扫帚清扫表面,并用刷子将路面的杂物刷去。杂物的存在一方面会影响水的渗入;另一方面也会影响渗水仪和路面或者试件的密封效果。

3.5.4 试验步骤

(1)将塑料圈置于试件中央或者路面表面的测点上,用粉笔分别沿塑料圈的内侧和外侧画上圈,在外环和内环之间的部分就是需要用密封材料进行密封的区域。

(2)用密封材料对环状密封区域进行密封处理,注意不要使密封材料进入内圈。如果密封材料不小心进入内圈,必须用刮刀将其刮走。再将搓成拇指粗细的条状密封材料摞在环状密封区域的中央,并且摞成一圈。

(3)将渗水仪放在试件或者路面表面的测点上,注意使渗水仪的中心尽量和圆环中心重合,然后略微使劲将渗水仪压在条状密封材料表面,再将配重加上,以防压力水从底座与路面间流出。

(4)将进水开关关闭,向量筒中注满水,然后打开排气开关,再打开进水开关,使量筒中的水下流,排出渗水仪底部内的空气。当排气孔流出水后,先关闭排气开关,再关闭进水开关,并再次向量筒中注满水。

(5)将进水开关打开,待水面下降至100mL刻度时,立即开动秒表开始计时,每间隔60s,读记量管的刻度一次,至水面下降至500mL刻度线时为止。测试过程中,如水从底座与密封材料间渗出，说明底座与路面密封不好，应移至附近干燥路面处重新操作。当水面下降速度较慢，则测定3min的渗水量即可停止；如果水面下降速度较快，在不到 3min 的时间内到达了 500mL 刻度线，则记录到达500mL 刻度线时的时间；若水面下降至一定程度后基本保持不动，说明基本不透水或根本不透水，在报告中注明。

(6)按以上步骤在同一个检测路段选择5个测点测定渗水系数，取其平均值作为试验结果。

3.5.5 试验结果计算

计算时以水面从 100mL 下降到 500mL 所需的时间为标准，若渗水时间过长，也可以采用3min 通过的水量计算，见式(T 0971-1)。

$$C_w = \frac{V_2 - V_1}{t_2 - t_1} \times 60 \qquad (T\ 0971\text{-}1)$$

式中：C_w——路面渗水系数，mL—min；

V_1——第一次计时时的水量，mL，通常为100mL；

V_2——第二次计时时的水量，mL，通常为500mL；

t_1——第一次计时的时间，s；

t_2——第二次计时的时间，s。

3.5.6 试验记录

现场检测，每一个检测路段应测定5个测点，计算其平均值作为检测结果。若路面不透水，在报告中注明渗水系数为0。

沥青路面渗水系数试验记录示例见表T 0971-1。

沥青路面渗水系数试验记录表　　表T 0971-1

<table>
<tr><td colspan="2">试验路段</td><td colspan="3">格至路</td><td>试验日期</td><td colspan="2">2012.07.04</td></tr>
<tr><td colspan="2">试验规程及方法</td><td colspan="3">《公路路基路面现场测试规程》(JTG E60—2008)</td><td>试验设备及编号</td><td colspan="2">渗水仪(3110574)</td></tr>
<tr><td rowspan="2">桩号</td><td rowspan="2">位置</td><td colspan="3">渗水情况读数(mL)</td><td rowspan="2">流失500mL的时间(s)</td><td rowspan="2">渗水系数(mL—min)</td><td rowspan="2">渗水系数平均值(mL—min)</td></tr>
<tr><td>第一分钟末</td><td>第二分钟末</td><td>第三分钟末</td></tr>
<tr><td rowspan="5">K0 + 200</td><td rowspan="5">上行行车道右轮迹带</td><td>290</td><td>420</td><td>530</td><td>170</td><td>141</td><td rowspan="5">70</td></tr>
<tr><td>165</td><td>235</td><td>300</td><td>—</td><td>67</td></tr>
<tr><td>150</td><td>210</td><td>257</td><td>—</td><td>52</td></tr>
<tr><td>132</td><td>162</td><td>220</td><td>—</td><td>40</td></tr>
<tr><td>145</td><td>195</td><td>245</td><td>—</td><td>48</td></tr>
<tr><td rowspan="5">—</td><td rowspan="5">—</td><td>—</td><td>—</td><td>—</td><td>—</td><td>—</td><td rowspan="5">—</td></tr>
<tr><td>—</td><td>—</td><td>—</td><td>—</td><td>—</td></tr>
<tr><td>—</td><td>—</td><td>—</td><td>—</td><td>—</td></tr>
<tr><td>—</td><td>—</td><td>—</td><td>—</td><td>—</td></tr>
<tr><td>—</td><td>—</td><td>—</td><td>—</td><td>—</td></tr>
<tr><td rowspan="5">—</td><td rowspan="5">—</td><td>—</td><td>—</td><td>—</td><td>—</td><td>—</td><td rowspan="5">—</td></tr>
<tr><td>—</td><td>—</td><td>—</td><td>—</td><td>—</td></tr>
<tr><td>—</td><td>—</td><td>—</td><td>—</td><td>—</td></tr>
<tr><td>—</td><td>—</td><td>—</td><td>—</td><td>—</td></tr>
<tr><td>—</td><td>—</td><td>—</td><td>—</td><td>—</td></tr>
<tr><td colspan="8">备注(特殊情况记录):
□当水面下降速度较慢,则测定3min的渗水量即可停止;
□如果水面下降速度较快,在不到3min的时间内达到了500mL刻度线,则记录达到了500mL刻度线时的时间;
□若水面下降至一定程度后基本保持不动,说明基本不透水或根本不透水</td></tr>
</table>

3.5.7 试验规程及评定依据

(1)《公路工程质量检验评定标准》(JTG F80/1—2004)

(2)《公路沥青路面施工技术规范》(JTG F 40—2004)

(3)《公路沥青路面设计规范》(JTG D50—2006)

(4)《公路路基路面现场测试规程》(JTG E60—2008)

(5)《公路养护安全作业规程》(JTG H30—2004)

3.5.8 注意事项

(1)为了防止密封材料进入密封内圈,在密封时可在内圈处加一相同大小的铁环。

(2)试验前,将测试位置处路面清扫干净,确保仪器底座与路面间的密封效果。

(3)渗水试验测点位置应与铺砂法试验、摆式仪法试验测点位置一一对应。

(4)现场试验过程中试验人员必须做好安全防范措施,身穿反光服饰。